Impressum
Verlag: BABADADA GmbH, Nedderfeld 112 , 22529 Hamburg
Geschäftsführer / Verlagsleitung: Harald Hof
Druck: Books on Demand GmbH, In de Tarpen 42, 22848 Norderstedt

Imprint
Publisher: BABADADA GmbH, Nedderfeld 112 , 22529 Hamburg, Germany
Managing Director / Publishing direction: Harald Hof
Print: Books on Demand GmbH, In de Tarpen 42, 22848 Norderstedt, Germany

学校
Szkoła

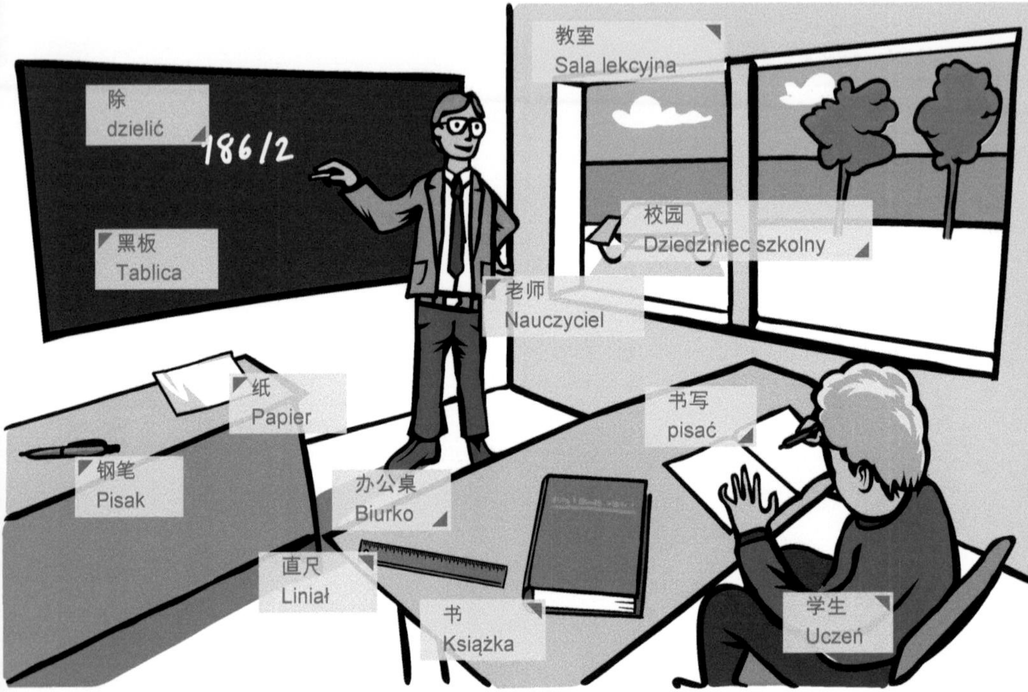

教室
Sala lekcyjna
除
dzielić
186/2
黑板
Tablica
校园
Dziedziniec szkolny
老师
Nauczyciel
纸
Papier
书写
pisać
钢笔
Pisak
办公桌
Biurko
直尺
Liniał
书
Książka
学生
Uczeń

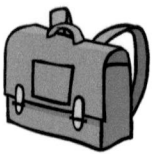

书包

Plecak szkolny

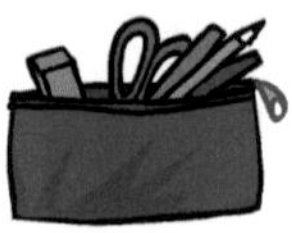

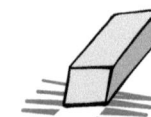

铅笔盒

Piórnik

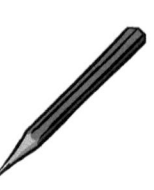

铅笔

Ołówek

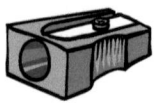

卷笔刀

Temperówka

橡皮擦

Gumka do mazania

画板

Blok rysunkowy

图画

Rysunek

画笔

Pędzel

颜料盒

Pudełko z akwarelami

剪刀

Nożyce

胶水

Klej

练习册

Książka do ćwiczenia

家庭作业

Zadanie domowe

12

数字

Liczba

2+2

加

dodawać

5-2

减

odejmować

2×2

乘

mnożyć

计算

liczyć

A

字母

Litera

ABCDEFG HIJKLMN OPQRSTU VWXYZ

字母表

Alfabet

hello

字

Słowo

课文

Tekst

读

czytać

粉笔

Kreda

上课

Godzina

登记

Dziennik lekcyjny

考试

Egzamin

证书

Świadectwo

校服

Mundurek szkolny

教育

Wykształcenie

百科全书

Leksykon

大学

Uniwersytet

显微镜

Mikroskop

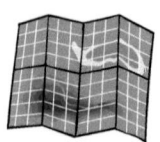

地图

Mapa

废纸筐

Kosz na odpadki

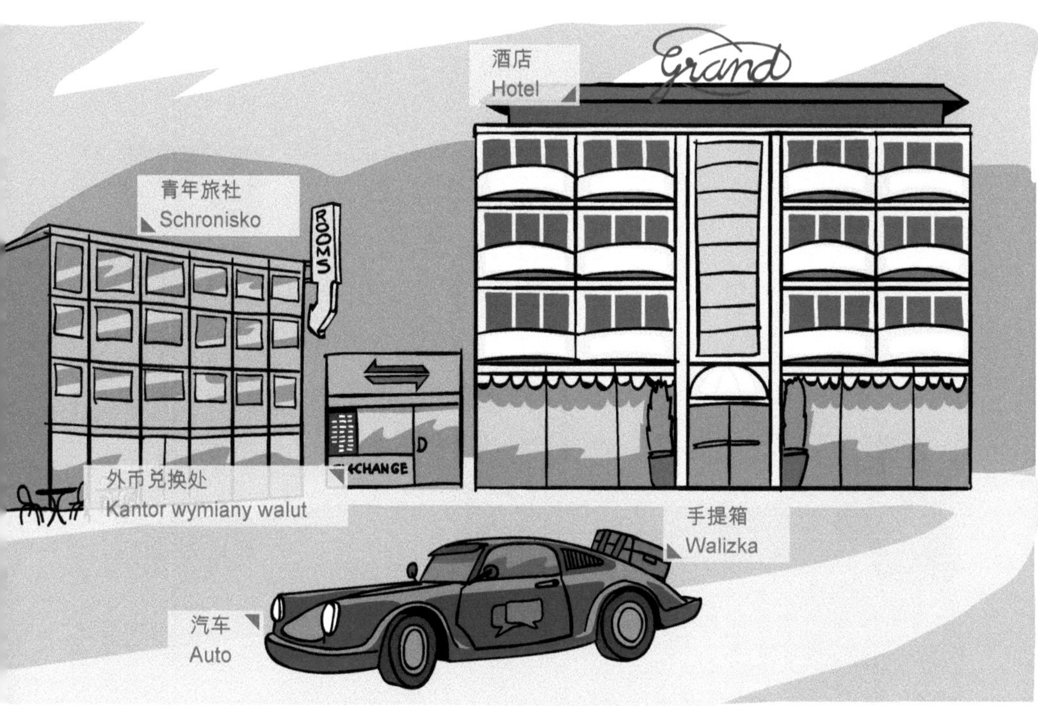

酒店
Hotel
Grand
青年旅社
Schronisko
ROOMS
外币兑换处
Kantor wymiany walut
EXCHANGE
手提箱
Walizka
汽车
Auto

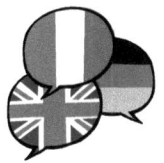

语言
Język

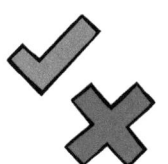

是/否
tak / nie

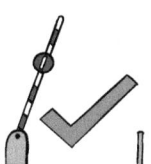

好的
OK

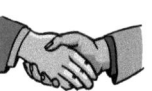

您好
Halo

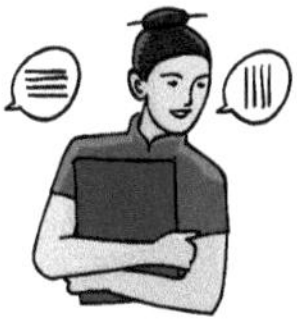

翻译员
Tłumacz

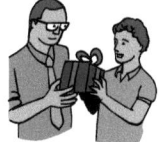

谢谢
Dziękuję

……多少钱？

Ile kosztuje ...?

我不明白

Nie rozumiem

问题

Problem

晚上好！

Dobry wieczór!

早上好！

Dzień dobry!

晚安！

Dobranoc!

再见

Do widzenia

方向

Kierunek

行李

Bagaż

包

Torba

双肩包

Plecak

客人

Gość

房间

Pokój

睡袋

Śpiwór

帐篷

Namiot

旅游信息

Informacja turystyczna

海滩

Plaża

信用卡

Karta kredytowa

早餐

Śniadanie

午餐

Obiad

晚餐

Kolacja

票

Bilet

电梯

Winda

邮票

Znaczek na list

边界

Granica

海关

Cło

大使馆

Ambasada

签证

Wiza

护照

Paszport

交通运输

Transport

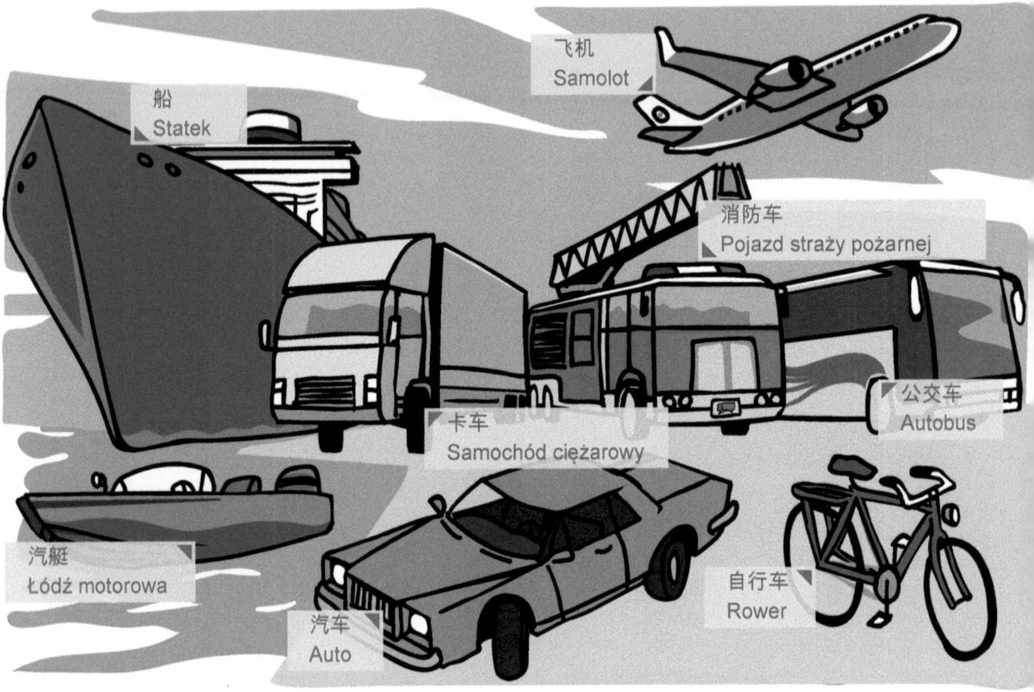

飞机
Samolot
船
Statek
消防车
Pojazd straży pożarnej
公交车
Autobus
卡车
Samochód ciężarowy
汽艇
Łódź motorowa
自行车
Rower
汽车
Auto

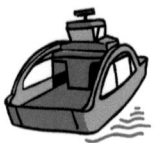

摆渡船

Prom

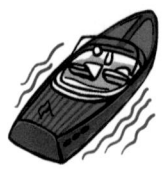

小船

Łódź

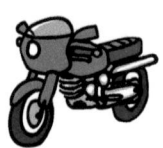

摩托车

Motocykl

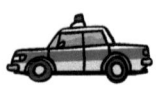

警车

Radiowóz policyjny

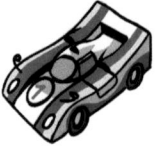

赛车

Samochód wyścigowy

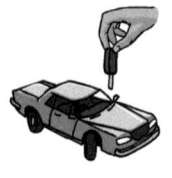

租车

Samochód wypożyczony

拼车

Wspólne przejazdy
samochodem

拖车

Samochód pomocy
drogowej

垃圾车

Śmieciarka

发动机

Silnik

汽油

Benzyna

加油站

Stacja benzynowa

交通标志

Znak drogowy

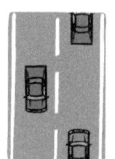

交通

Ruch

交通堵塞

Korek

停车场

Parking

火车站

Dworzec

轨道

Szyny

火车

Pociąg

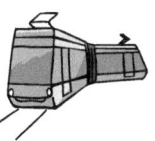

电车

Tramwaj

货车

Wagon

直升机

Helikopter

机场

Lotnisko

塔

Wieża

乘客

Pasażer

集装箱

Kontener

纸板箱

Karton

手推车

Taczka

篮子

Kosz

起飞/降落

startować / lądować

城市

Miasto

村庄

Wieś

市中心

Centrum miasta

房子

Dom

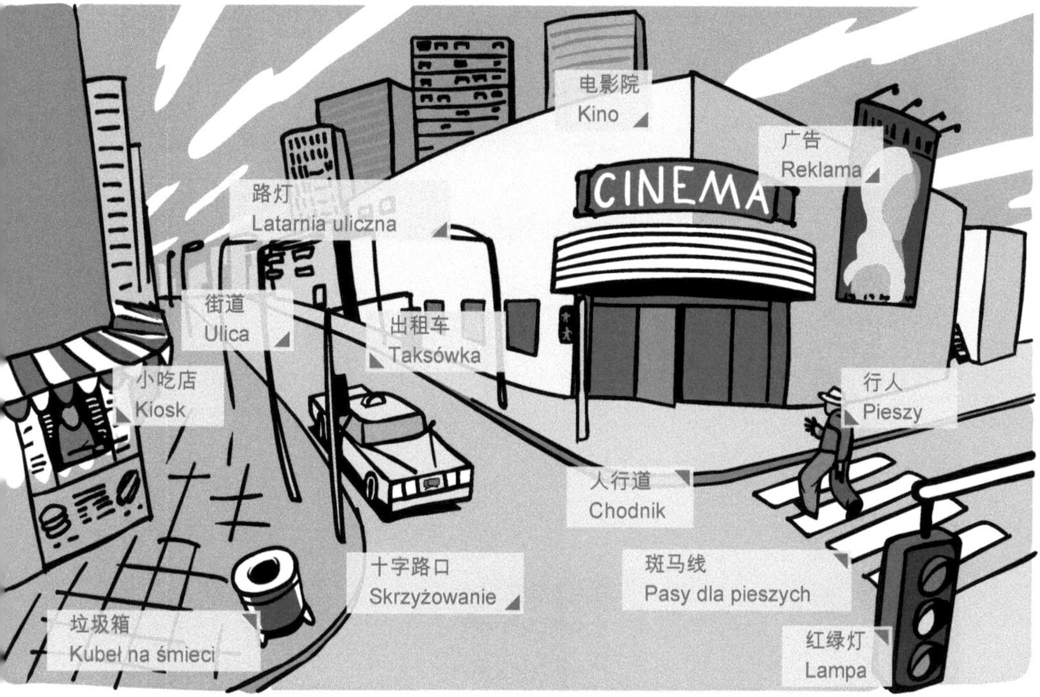

电影院
Kino

广告
Reklama

路灯
Latarnia uliczna

街道
Ulica

出租车
Taksówka

小吃店
Kíosk

行人
Pieszy

人行道
Chodnik

十字路口
Skrzyżowanie

斑马线
Pasy dla pieszych

垃圾箱
Kubeł na śmieci

红绿灯
Lampa

小屋
Chata

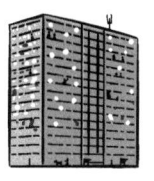

公寓
Mieszkanie

火车站
Dworzec

市政厅
Ratusz

博物馆
Muzeum

学校
Szkoła

大学

Uniwersytet

银行

Bank

医院

Szpital

酒店

Hotel

药房

Apteka

办公室

Biuro

书店

Księgarnia

商店

Sklep

花店

Kwiaciarnia

超市

Supermarket

市场

Rynek

百货商店

Dom towarowy

鱼店

Sklep z rybami

购物中心

Centrum handlowe

海港

Port

公园

Park

长凳

Ławka

桥

Most

楼梯

Schody

地铁

Metro

隧道

Tunel

公交车站

Przystanek autobusowy

酒吧

Bar

餐馆

Restauracja

邮筒

Skrzynka na listy

路标

Tabliczka z nazwą ulicy

停车计时器

Parkometr

动物园

Zoo

游泳馆

Łaźnia

清真寺

Meczet

农场
Gospodarstwo chłopskie

污染
Zanieczyszczenie
środowiska

墓地
Cmentarz

教堂
Kościół

操场
Plac zabaw

寺庙
Świątynia

地形
Krajobraz

树叶
Liść

指示牌
Drogowskaz

路
Droga

草地
Łąka

石头
Kamień

树
Drzewo

徒步旅行者
Wędrowiec

河
Rzeka

草
Trawa

花
Kwiat

峡谷

Dolina

山

Góra

湖

Jezioro

森林

Las

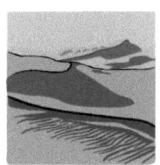

沙漠

Pustynia

火山

Wulkan

城堡

Zamek

彩虹

Tęcza

蘑菇

Grzyb

棕榈树

Palma

蚊子

Komar

苍蝇

Mucha

蚂蚁

Mrówka

蜜蜂

Pszczoła

蜘蛛

Pająk

甲虫

Chrząszcz

青蛙

Żaba

松鼠

Wiewiórka

刺猬

Jeż

野兔

Zając

猫头鹰

Sowa

鸟

Ptak

天鹅

Łabędź

野猪

Dzik

鹿

Jeleń

麋鹿

Łoś

水坝

Tama

风力发电机

Wiatrak

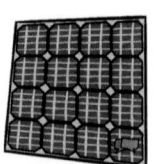

太阳能电池板

Moduł solarny

气候

Klimat

餐馆
Restauracja

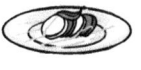

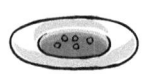

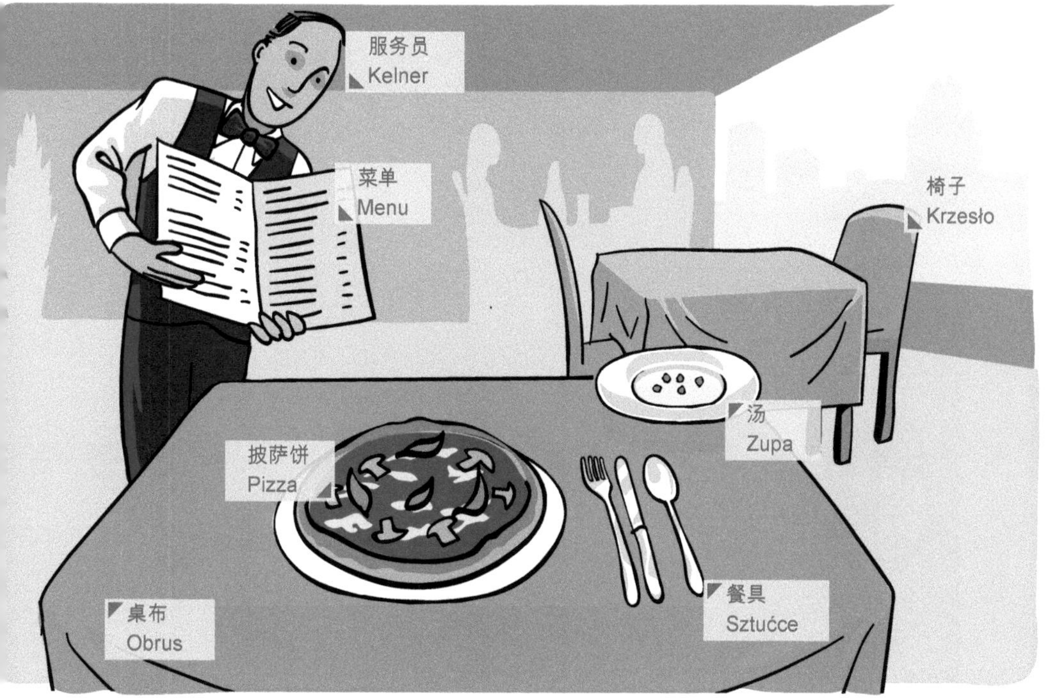

服务员
Kelner
菜单
Menu
椅子
Krzesło
汤
Zupa
披萨饼
Pizza
餐具
Sztućce
桌布
Obrus

前菜

Przystawka

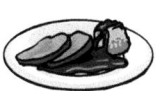

主菜

Danie główne

甜点

Deser

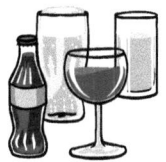

饮料

Napoje

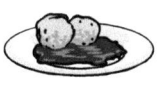

食物

Jedzenie

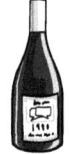

瓶子

Butelka

快餐

Fastfood

街边小吃

Streetfood

茶壶

Dzbanek na herbatę

糖盒

Cukierniczka

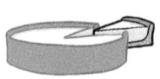

一份饭菜

Porcja

意式咖啡机

Zaparzarka do espresso

高脚椅

Krzesło dla dziecka

账单

Rachunek

托盘

Taca

刀

Nóż

餐叉

Widelec

勺子

Łyżka

茶匙

Łyżeczka

餐巾

Serwetka

玻璃杯

Szklanka

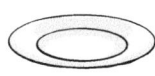

碟子

Talerz

汤盘

Talerz do zupy

碟子

Podstawek pod filiżankę

酱

Sos

盐瓶

Solniczka

胡椒磨

Młynek do pieprzu

醋

Ocet

食用油

Olej

调味料

Przyprawy

番茄酱

Keczup

芥末

Musztarda

蛋黄酱

Majonez

超市
Supermarket

特价
Oferta
FOR
顾客
Klient
乳制品
Produkty mleczne
水果
Owoce
购物车
Wózek sklepowy

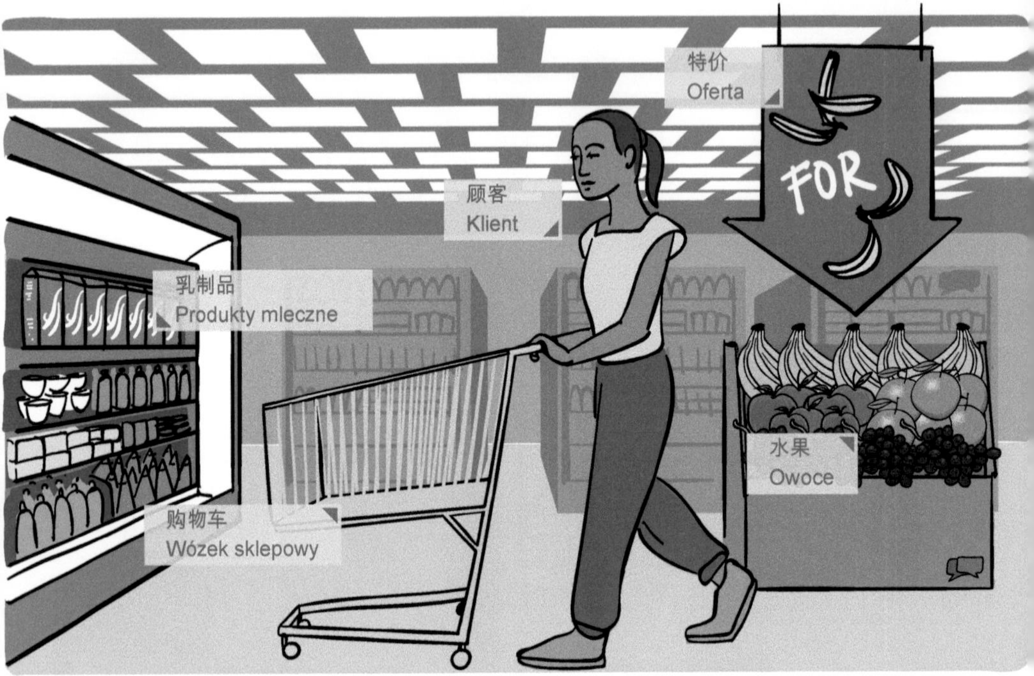

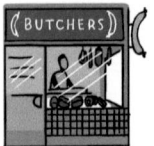

BUTCHERS

肉铺
Rzeźnia

BAKERY

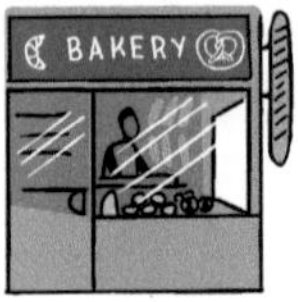

面包房
Piekarnia

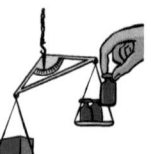

称重
ważyć

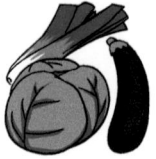

蔬菜
Warzywa

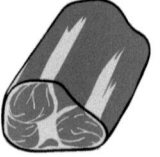

肉
Mięso

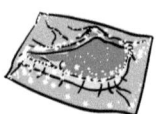

冷冻食品
Mrożonki

冷盘

Wędliny

罐头食品

Konserwy

洗衣粉

Proszek m do prania

甜食

Słodycze

日用品

Artykuły użytku domowego

清洁用品

Środek czyszczący

销售员

Sprzedawczyni

收银机

Kasa

收银员

Kasjer

购物清单

Lista zakupów

开放时间

Godziny otwarcia

钱包

Portfel

信用卡

Karta kredytowa

袋子

Torba

塑料袋

Torebka plastikowa

水

Woda

果汁

Sok

牛奶

Mleko

可乐

Cola

红酒

Wino

啤酒

Piwo

酒

Alkohol

可可

Kakao

茶

Herbata

咖啡

Kawa

意式浓缩咖啡

Espresso

卡布奇诺

Cappuccino

香蕉

Banan

苹果

Jabłko

橙子

Pomarańcza

西瓜

Arbuz

柠檬

Cytryna

胡萝卜

Marchew

大蒜

Czosnek

竹子

Bambus

洋葱

Cebula

蘑菇

Grzyb

坚果

Orzechy

面条

Makaron

意大利面条

Spaghetti

米饭

Ryż

沙拉

Sałatka

薯条

Frytki

炸土豆

Ziemniaki pieczone

披萨饼

Pizza

汉堡包

Hamburger

三明治

Kanapka

炸猪排

Sznycel

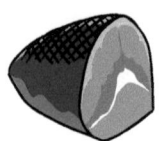

火腿

Szynka

萨拉米

Salami

香肠

Kiełbasa

鸡肉

Kura

烤肉

Pieczeń

鱼

Ryba

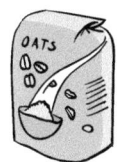

燕麦片

Płatki owsiane

穆兹利

Musli

玉米片

Płatki kukurydziane

面粉

Mąka

羊角面包

Croissant

面包卷

Bułka

面包

Chleb

烤面包

Toast

饼干

Ciastka

黄油

Masło

凝乳

Twarożek

蛋糕

Ciasto

蛋

Jajko

煎蛋

Jajko sadzone

奶酪

Ser

冰激凌

Lody

糖

Cukier

蜂蜜

Miód

果酱

Marmolada

巧克力酱

Krem nugatowy

咖喱饭

Curry

Gospodarstwo chłopskie

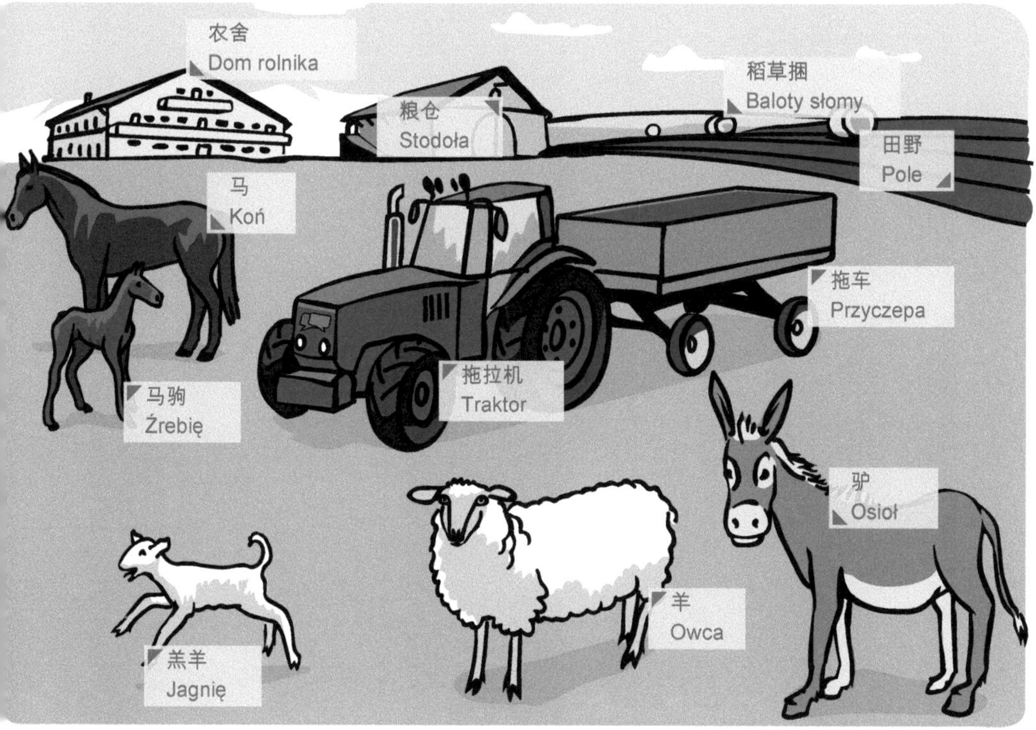

农舍
Dom rolnika

粮仓
Stodoła

稻草捆
Baloty słomy

田野
Pole

马
Koń

拖车
Przyczepa

马驹
Źrebię

拖拉机
Traktor

驴
Osioł

羔羊
Jagnię

羊
Owca

山羊

Koza

奶牛

Krowa

牛犊

Cielę

猪

Świnia

小猪

Prosię

公牛

Byk

鹅

Gęś

鸭

Kaczka

小鸡

Kurczątko

母鸡

Kura

公鸡

Kogut

鼠

Szczur

猫

Kot

老鼠

Mysz

牛

Osioł

狗

Pies

狗屋

Buda dla psa

花园浇水软管

Wąż ogrodowy

洒水壶

Konewka

长柄大镰刀

Kosa

犁

Pług

镰刀
Sierp

锄头
Graca

长柄草耙
Widły

斧头
Siekiera

独轮手推车
Taczka

饲料槽
Koryto

牛奶罐
Kanka na mleko

麻布袋
Worek

栅栏
Płot

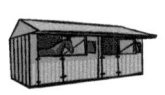

马厩
Stajnia

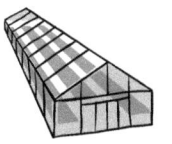

温室
Szklarnia

土壤
Ziemia

种子
Nasiona

肥料
Nawóz

联合收割机
Kombajn zbożowy

收割

zbierać

收割

Żniwa

山药

Podchrzyn

小麦

Pszenica

大豆

Soja

土豆

Ziemniak

玉米

Kukurydza

油菜籽

Rzepak

果树

Drzewo owocowe

树薯

Maniok

谷物

Zboże

房子

Dom

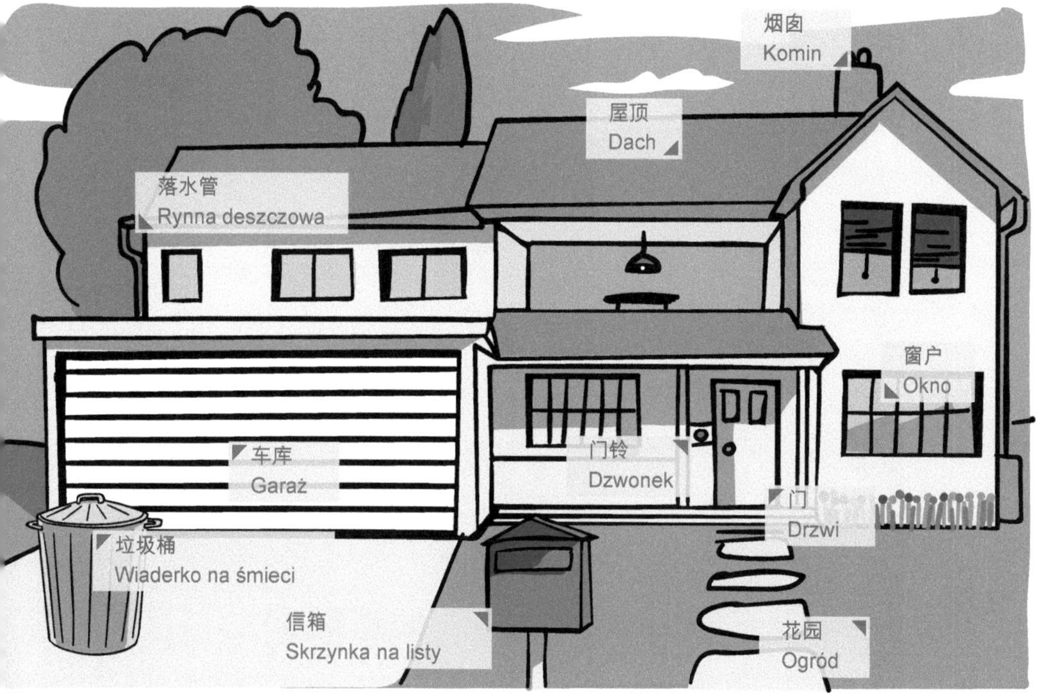
烟囱
Komin
屋顶
Dach
落水管
Rynna deszczowa
窗户
Okno
车库
Garaż
门铃
Dzwonek
门
Drzwi
垃圾桶
Wiaderko na śmieci
信箱
Skrzynka na listy
花园
Ogród

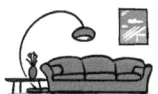

客厅
Pokój dzienny

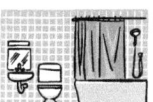

浴室
Łazienka

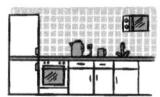

厨房
Kuchnia

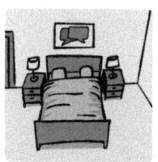

卧室
Sypialnia

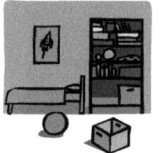

儿童房
Pokój dziecięcy

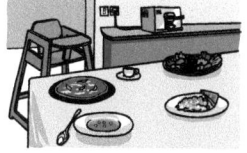

餐厅
Jadalnia

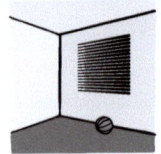

地板

Ziemia

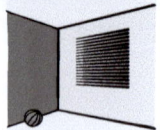

墙壁

Ściana

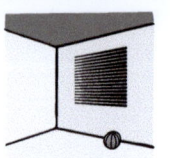

吊顶

Koc

地窖

Piwnica

桑拿

Sauna

阳台

Balkon

露台

Taras

游泳池

Basen

割草机

Kosiarka do trawy

被单

Poszwa

床罩

Kołdra

床

Łóżko

扫帚

Miotła

水桶

Wiadro

开关

Włącznik

客厅

Pokój dzienny

壁纸
Tapeta
照片
Obraz
台灯
Lampa
搁架
Regał
橱柜
Szafa
电视机
Telewizor
壁炉
Komin
花
Kwiat
垫子
Poduszka
沙发
Kanapa
花瓶
Wazon
遥控器
Pilot

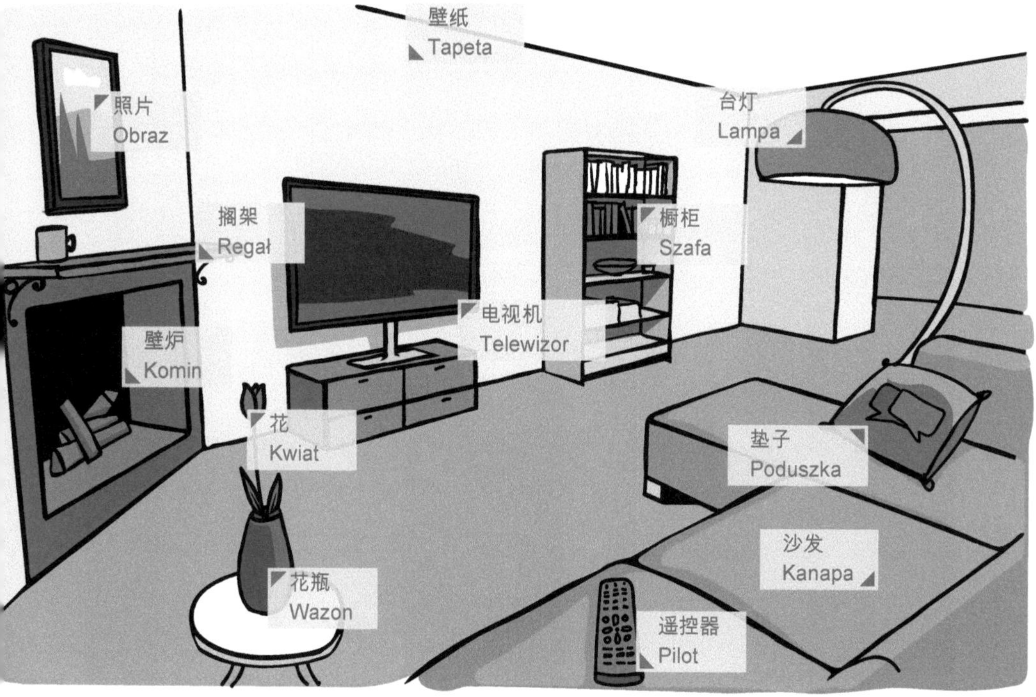

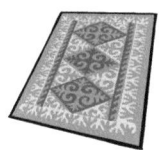

地毯

Dywan

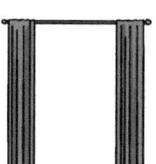

窗帘

Zasłona

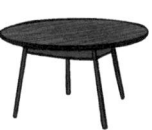

餐桌

Stół

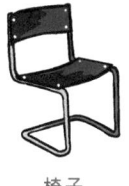

椅子

Krzesło

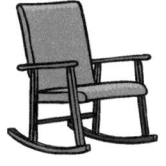

摇椅

Bujak

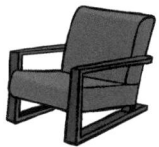

扶手椅

Fotel

书

Książka

毯子

Sufit

装饰品

Dekoracja

木柴

Drewno kominkowe

电影

Film

高保真音响

Instalacja stereo

钥匙

Klucz

报纸

Gazeta

油画

Malunek

海报

Plakat

收音机

Radio

笔记本

Notatnik

吸尘器

Odkurzacz

仙人掌

Kaktus

蜡烛

Świeczka

厨房
Kuchnia

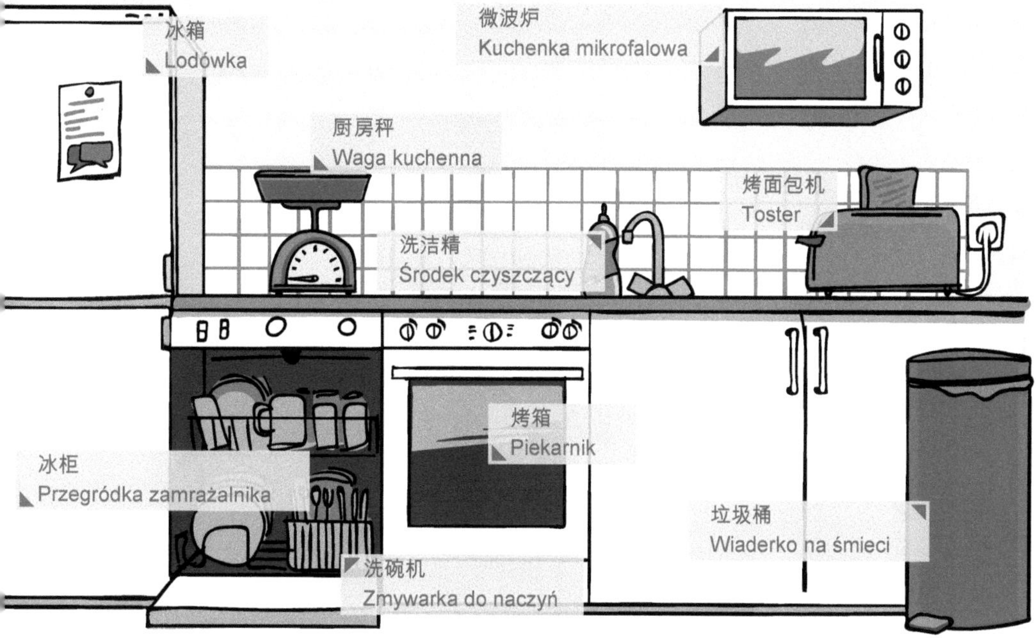

冰箱
Lodówka
微波炉
Kuchenka mikrofalowa
厨房秤
Waga kuchenna
烤面包机
Toster
洗洁精
Środek czyszczący
烤箱
Piekarnik
冰柜
Przegródka zamrażalnika
垃圾桶
Wiaderko na śmieci
洗碗机
Zmywarka do naczyń

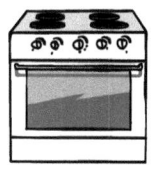

炊具

Kuchenka

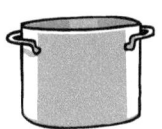

锅

Garnek

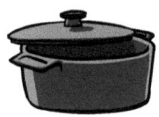

铸铁锅

Kocioł żeliwny

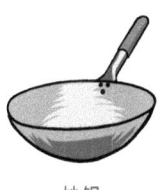

炒锅

Wok / Kadai

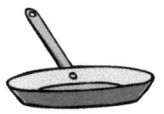

平底锅

Patelnia

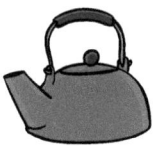

水壶

Czajnik

蒸锅

Parowar

烤盘

Blacha do pieczenia

陶瓷锅

Naczynia kuchenne

马克杯

Kubek

碗

Miska

筷子

Pałeczki

长柄勺

Nabierka

铲子

Łopatka do smażenia

搅拌器

Trzepaczka do śmietany

滤网

Cedzak

筛子

Sitko

磨碎机

Tarka

研钵

Moździerz

烧烤

Grillowanie

明火

Palenisko

菜板

Deska

擀面杖

Wałek do ciasta

开瓶器

Korkociąg

罐子

Puszka

开罐器

Otwieracz do puszek

隔热手套

Ściereczka do trzymania garnka

水槽

Umywalka

刷子

Szczotka

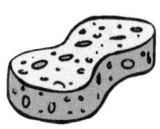

海绵

Gąbka

搅拌机

Mikser

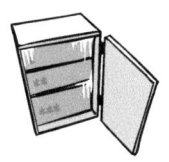

冷藏箱

Zamrażarka

奶瓶

Butelka dla niemowlęcia

水龙头

Kran

浴室
Łazienka

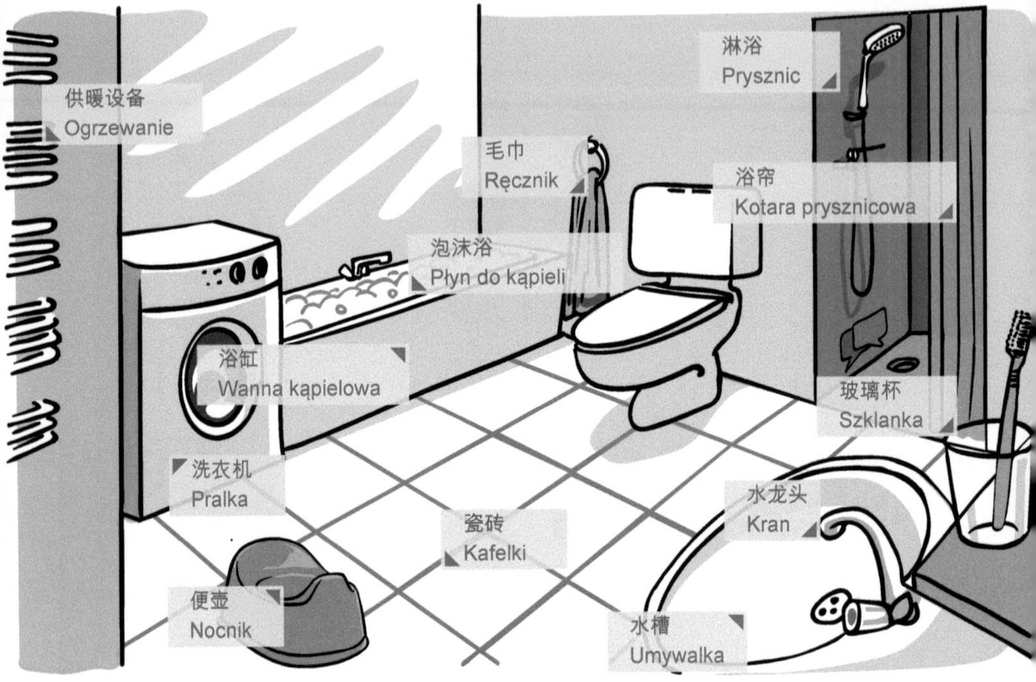

淋浴
Prysznic
供暖设备
Ogrzewanie
毛巾
Ręcznik
浴帘
Kotara prysznicowa
泡沫浴
Płyn do kąpieli
浴缸
Wanna kąpielowa
玻璃杯
Szklanka
洗衣机
Pralka
水龙头
Kran
瓷砖
Kafelki
便壶
Nocnik
水槽
Umywalka

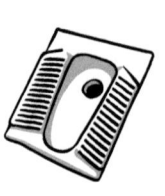

厕所

Toaleta

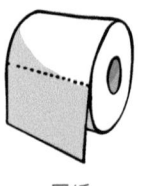

蹲便器

Toaleta kuczna

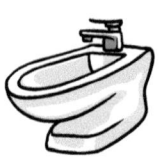

坐浴器

Bidet

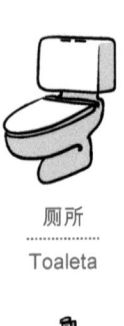

小便池

Pisuar

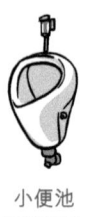

厕纸

Papier toaletowy

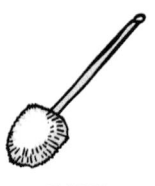

马桶刷

Szczotka toaletowa

牙刷

Szczoteczka do zębów

牙膏

Pasta do zębów

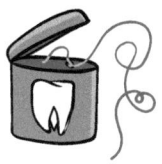

牙线

Nitki do czyszczenia zębów

洗

myć

手持式喷淋头

Głowica prysznicowa

冲洗器

Płyn kąpielowy do higieny intymnej

洗脸盆

Miska do mycia

擦背刷

Szczotka kąpielowa

肥皂

Mydło

沐浴露

Żel prysznicowy

洗发水

Szampon

法兰绒

Rękawica kąpielowa

排水

Odpływ

乳霜

Krem

除臭剂

Dezodorant

镜子

Lustro

手镜

Lustro kosmetyczne

剃须刀

Golarka

剃须泡沫

Pianka do golenia

须后水

Woda po goleniu

梳子

Grzebień

刷子

Szczotka

吹风机

Suszarka do włosów

喷发定型剂

Spray do włosów

化妆品

Makijaż

唇膏

Pomadka

指甲油

Lakier do paznokci

化妆棉

Wata

指甲剪

Nożyczki do paznokci

香水

Perfum

洗漱包

Kosmetyczka

凳子

Taboret

计重秤

Waga

浴袍

Szlafrok kąpielowy

橡胶手套

Rękawice gumowe

卫生棉条

Tampon

卫生巾

Podpaska damska

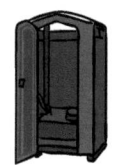

化学厕所

Toaleta chemiczna

儿童房
Pokój dziecięcy

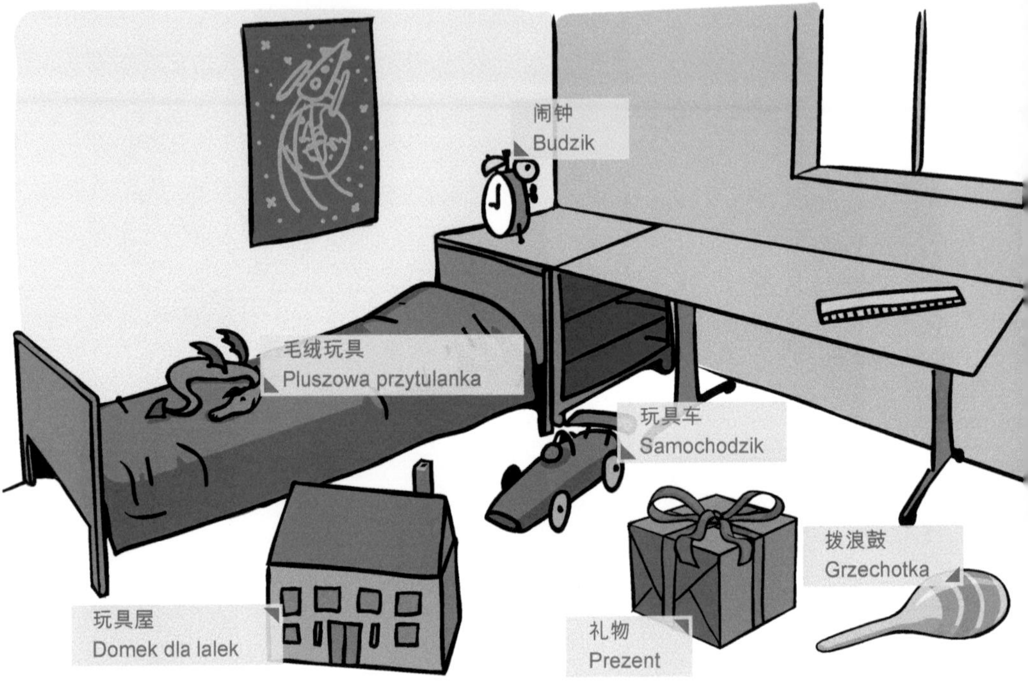

闹钟
Budzik
毛绒玩具
Pluszowa przytulanka
玩具车
Samochodzik
拨浪鼓
Grzechotka
玩具屋
Domek dla lalek
礼物
Prezent

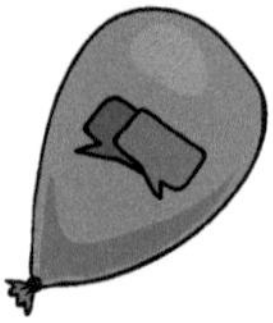

气球

Balon

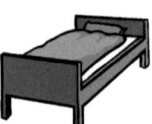

床

Łóżko

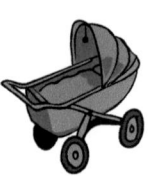

（洋娃娃用）婴儿车

Wózek dziecięcy

扑克牌

Gra w karty

拼图

Puzzle

SUPER
MEGA

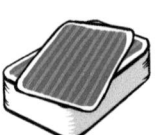

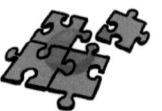

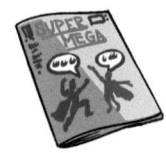

漫画

Komiks

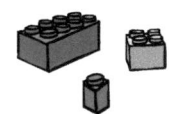

乐高积木

Klocki lego

积木玩具

Klocki

玩具人

Action figura

婴儿服

Śpioszek dziecięcy

飞盘

Frisbee

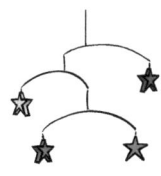

床铃玩具

Zabawki ruchome

棋盘游戏

Gra planszowa

骰子

Kości

火车模型

Kolejka elektryczna

安抚奶嘴

Smoczek

聚会

Przyjęcie

绘本

Książka z ilustracjami

球

Piłka

洋娃娃

Lalka

玩

bawić się

沙坑

Piaskownica

秋千

Huśtawka

玩具

Zabawki

游戏机

Konsola do gier

三轮车

Rowerek trójkołowy

泰迪熊

Pluszowy miś

衣柜

Szafa ubraniowa

衣服

Ubiór

袜子

Skarpety

长袜

Pończochy

紧身裤

Rajstopy

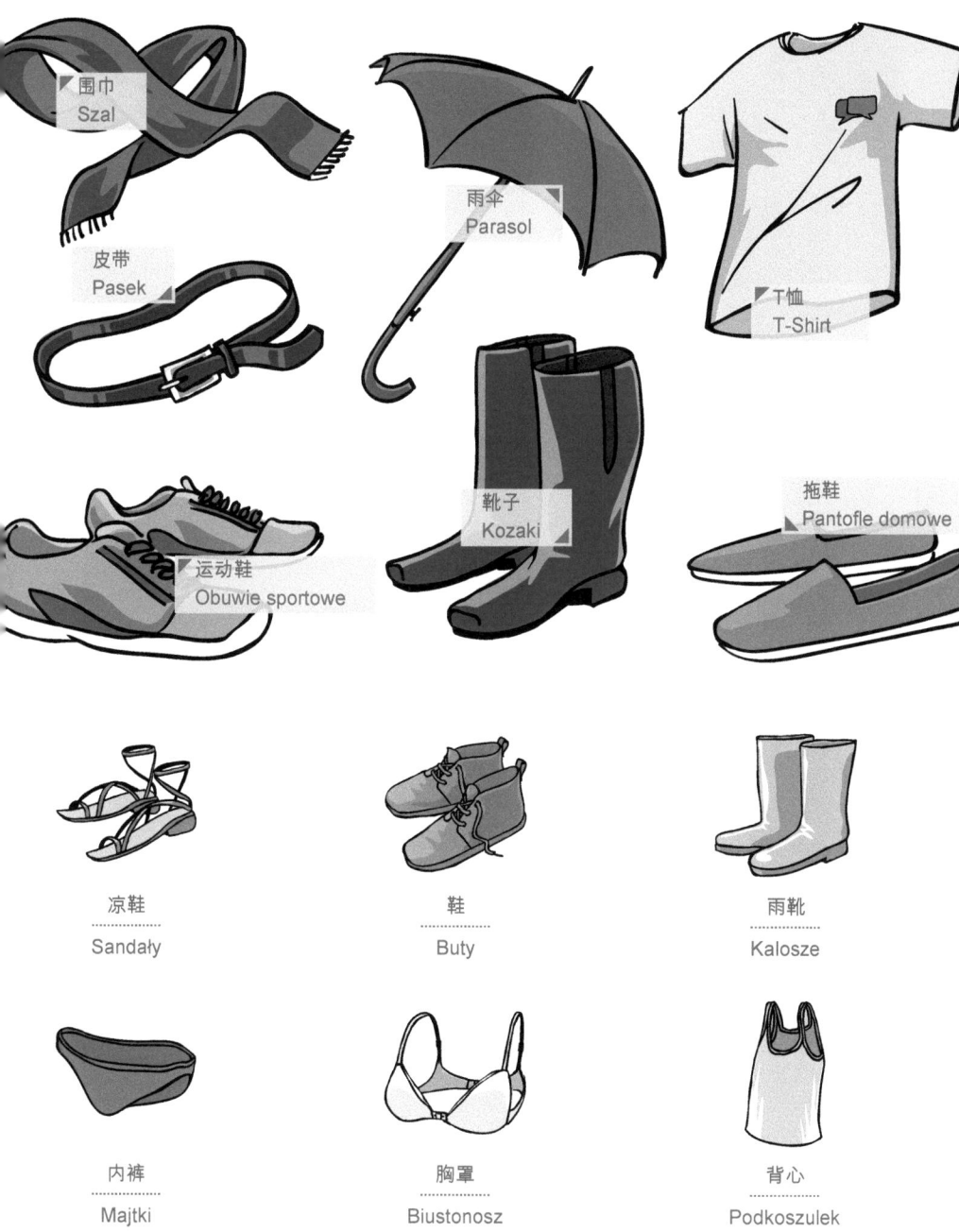

围巾
Szal

皮带
Pasek

雨伞
Parasol

T恤
T-Shirt

运动鞋
Obuwie sportowe

靴子
Kozaki

拖鞋
Pantofle domowe

凉鞋
Sandały

鞋
Buty

雨靴
Kalosze

内裤
Majtki

胸罩
Biustonosz

背心
Podkoszulek

身体
Body

裤子
Spodnie

牛仔裤
Dżins

短裙
Spódnica

女式衬衫
Bluzka

衬衫
Koszula

套头衫
Pulower

卫衣
Bluza sportowa

西装夹克
Marynarka

夹克
Kurtka

外套
Płaszcz

雨衣
Płaszcz przeciwdeszczowy

套装
Kostium

连衣裙
Sukienka

婚纱
Suknia ślubna

西装

Garnitur męski

睡袍

Koszula nocna

睡衣

Piżama

莎丽

Sari

头巾

Chusta na głowę

包头巾

Turban

波卡

Burka

卡夫坦

Kaftan

(阿拉伯式)长袍

Abaya

泳衣

Strój kąpielowy

男式泳裤

Kąpielówki

短裤

Krótkie spodnie

运动服

Dres sportowy

围裙

Fartuch

手套

Rękawiczki

纽扣
Guzik

眼镜
Okulary

手链
Bransoletka

项链
Łańcuszek

戒指
Pierścionek

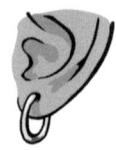

耳环
Kolczyk

便帽
Czapka

衣架
Wieszak

帽子
Kapelusz

领带
Krawat

拉链
Zamek błyskawiczny

头盔
Kask

背带
Szelki

校服
Mundurek szkolny

制服
Mundur

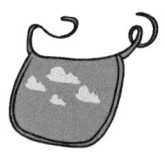

围兜

Śliniaczek

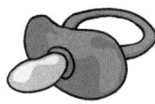

安抚奶嘴

Smoczek

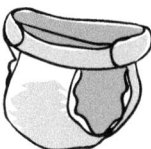

尿不湿

Pieluszka

办公室
Biuro

服务器
Serwer
文件柜
Szafa na akta
打印机
Drukarka
纸
Papier
显示屏
Monitor
鼠标
Mysz
办公桌
Biurko
文件夹
Segregator
键盘
Klawiatura
废纸篓
Kosz na odpadki
电脑
Komputer
椅子
Krzesło

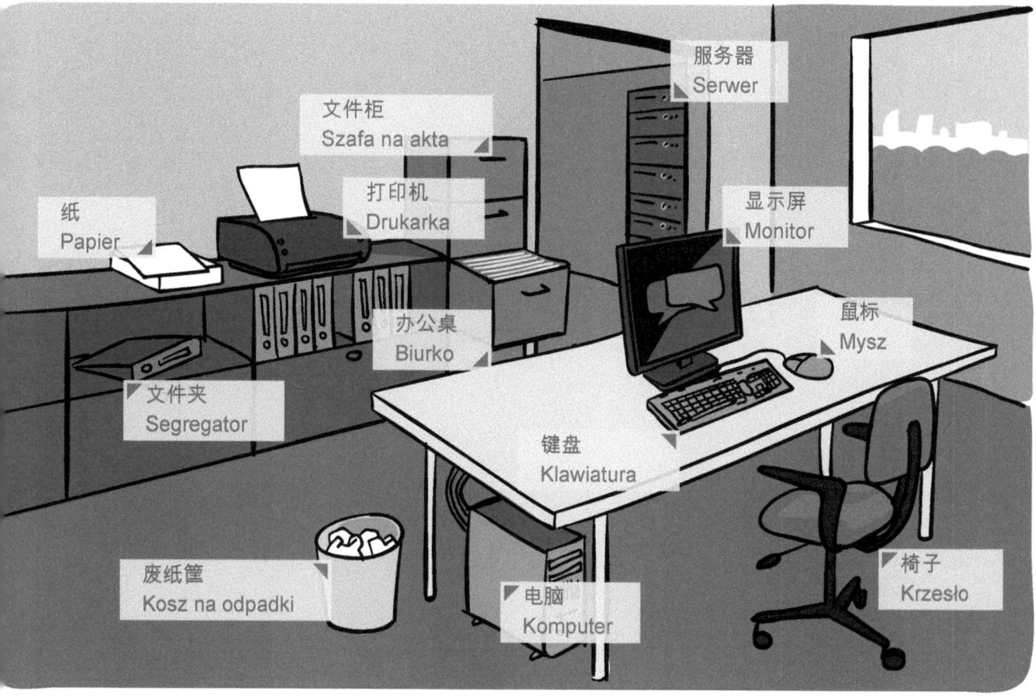

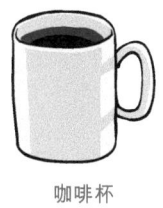

咖啡杯

Filiżanka do kawy

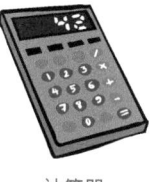

计算器

Kalkulator

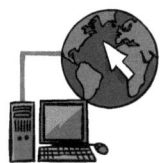

因特网

Internet

笔记本电脑
Laptop

信件
List

消息
Wiadomość

手机
Komórka

网络
Sieć

复印机
Kopiarka

软件
Oprogramowanie

电话
Telefon

插座
Gniazdko

传真机
Faks

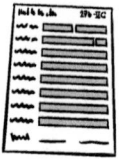

表格
Formularz

文件
Dokument

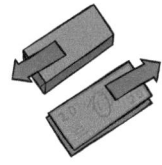

买

kupić

付钱

płacić

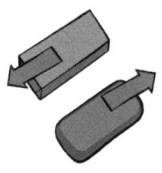

交易

postępować

现金

Pieniądze

美元

Dolar

欧元

Euro

日元

Jen

卢布

Rubel

瑞士法郎

Frank

人民币

Juan Renminbi

卢比

Rupia

提款处

Bankomat

外币兑换处

Kantor wymiany walut

金

Złoto

银

Srebro

石油

Olej

能源

Energia

价格

Cena

合同

Umowa

税金

Podatek

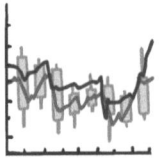

股票

Akcja

工作

pracować

职员

Pracownik umysłowy

老板

Pracodawca

工厂

Fabryka

商店

Sklep

Zawody

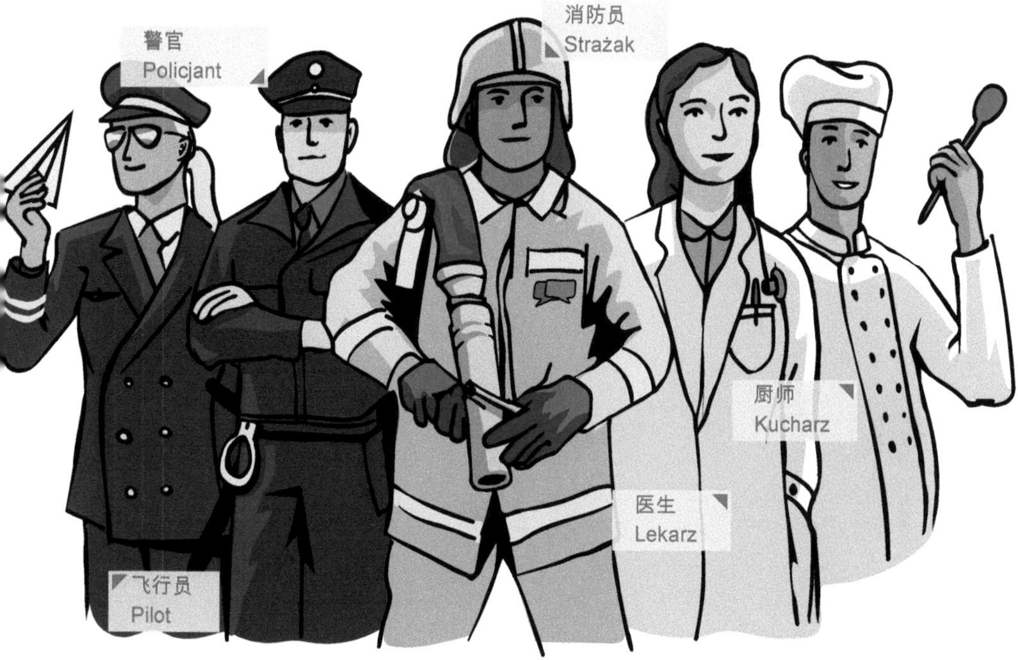
警官
Policjant
消防员
Strażak
厨师
Kucharz
医生
Lekarz
飞行员
Pilot

园丁
Ogrodnik

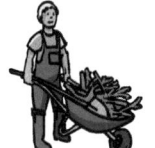

木匠
Stolarz

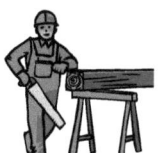

裁缝
Krawcowa

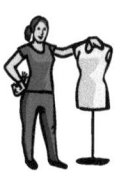

法官
Sędzia

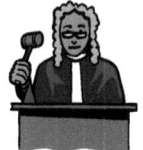

化学家
Chemik

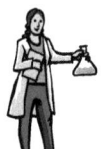

演员
Aktor

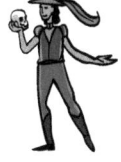

公交车司机

Kierowca autobusu

出租车司机

Taksówkarz

渔夫

Fischer

清洁女工

Sprzątaczka

屋顶工

Dekarz

服务员

Kelner

猎人

Myśliwy

画家

Malarz

面包师

Piekarz

电工

Elektryk

建筑工人

Robotnik budowlany

工程师

Inżynier

屠夫

Rzeźnik

水管工

Instalator

邮递员

Listonosz

士兵

Żołnierz

建筑师

Architekt

收银员

Kasjer

花农

Florysta

理发师

Fryzjer

售票员

Konduktor

机械师

Mechanik

船长

Kapitan

牙医

Dentysta

科学家

Naukowiec

拉比

Rabin

伊玛目

Imam

和尚

Mnich

牧师

Proboszcz

工具
Narzędzia

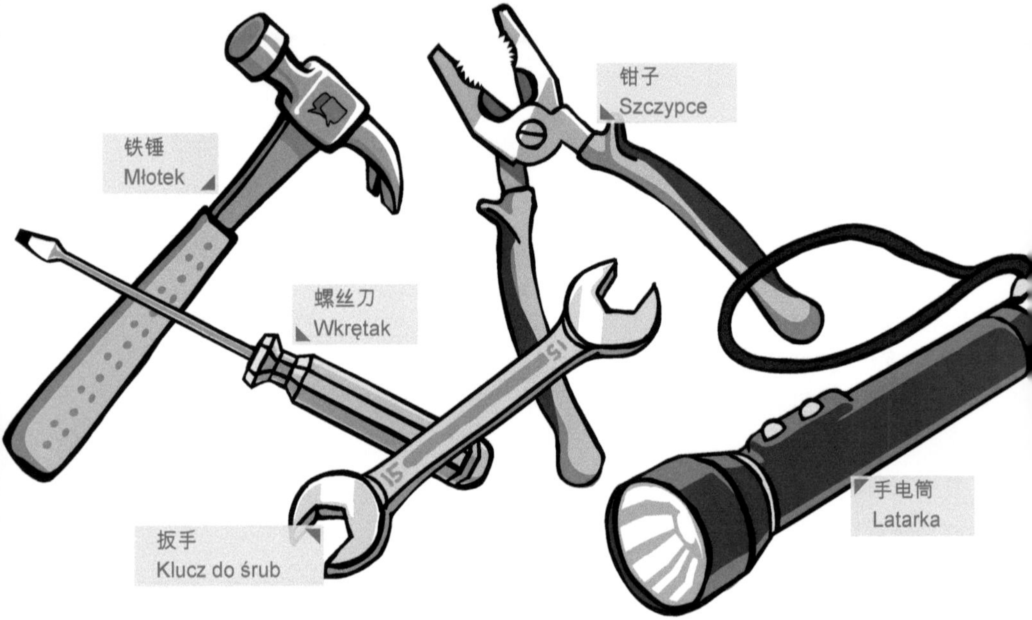

钳子
Szczypce
铁锤
Młotek
螺丝刀
Wkrętak
手电筒
Latarka
扳手
Klucz do śrub

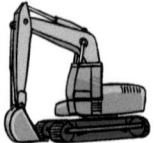

挖掘机

Koparka

工具箱

Skrzynka narzędziowa

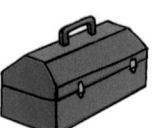

梯子

Drabina

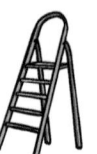

锯子

Piła

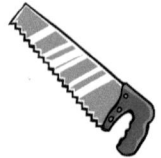

钉子

Gwoździe

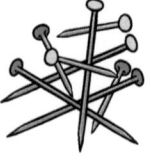

钻机

Wiertło

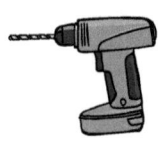

修

naprawić

铲子

Łopatka

靠！

Cholera!

簸箕

Szufelka

油漆桶

Puszka z farbą

螺丝

Śruby

乐器

Instrumenty muzyczne

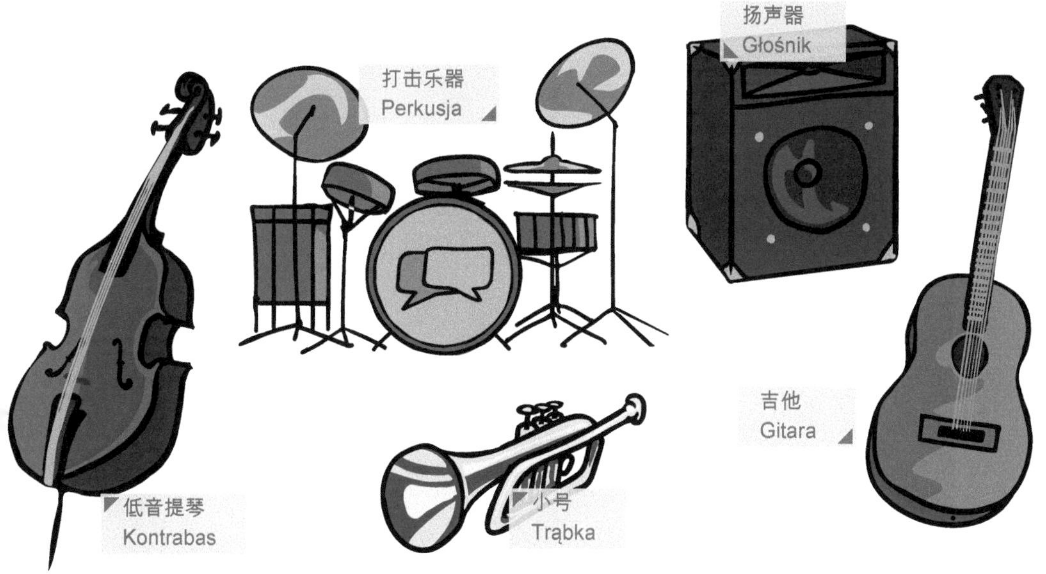

打击乐器
Perkusja

扬声器
Głośnik

吉他
Gitara

低音提琴
Kontrabas

小号
Trąbka

钢琴

Pianino

小提琴

Skrzypce

贝斯

Bas

定音鼓

Kotły

鼓

Bęben

电子琴

Keyboard

萨克斯管

Saksofon

长笛

Flet

麦克风

Mikrofon

动物园
Zoo

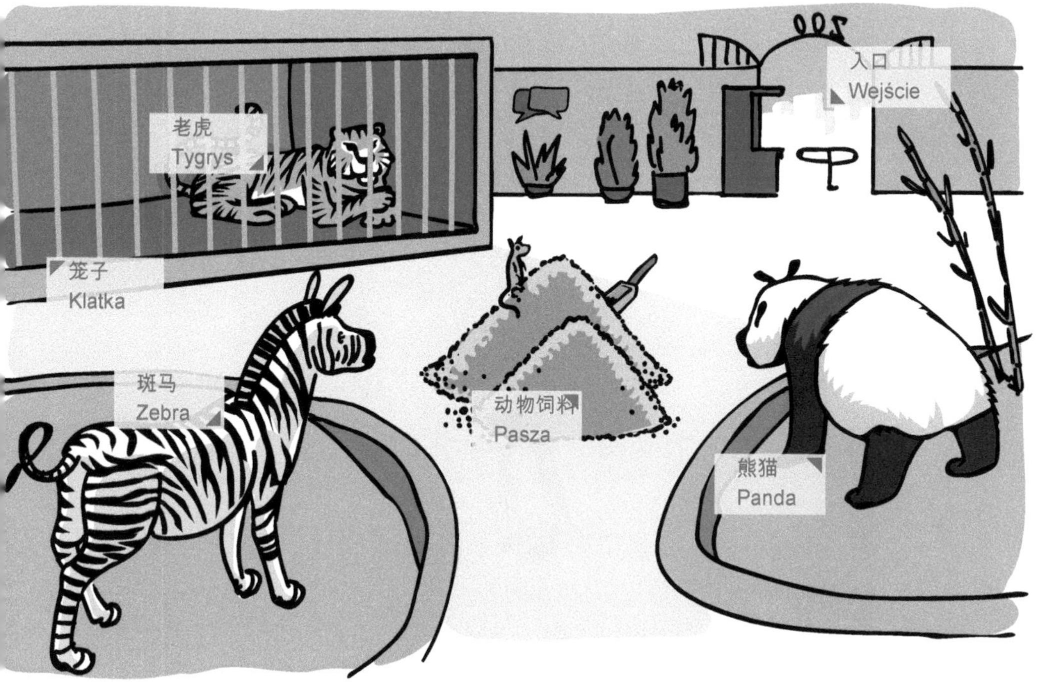

入口
Wejście
老虎
Tygrys
笼子
Klatka
斑马
Zebra
动物饲料
Pasza
熊猫
Panda

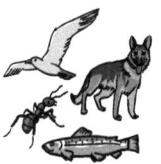

动物
Zwierzęta

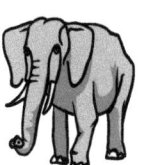

大象
Słoń

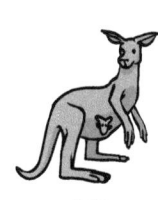

袋鼠
Kangur

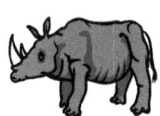

犀牛
Nosorożec

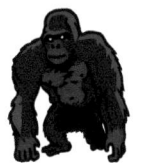

大猩猩
Goryl

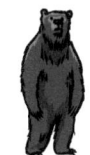

熊
Niedźwiedź

骆驼

Wielbłąd

鸵鸟

Struś

狮子

Lew

猴子

Małpa

火烈鸟

Fleming

鹦鹉

Papuga

北极熊

Niedźwiedź polarny

企鹅

Pingwin

鲨鱼

Rekin

孔雀

Paw

蛇

Wąż

鳄鱼

Krokodyl

动物园管理员

Dozorca w zoo

海豹

Foka

美洲豹

Jaguar

矮种马

Kucyk

豹

Gepard

河马

Hipopotam

长颈鹿

Żyrafa

老鹰

Orzeł

野猪

Dzik

鱼

Ryba

龟

Żółw

海象

Mors

狐狸

Lis

羚羊

Gazela

动物园 - Zoo

橄榄球
Futbol amerykański

骑自行车
Kolarstwo

网球
Tenis

篮球
Koszykówka

游泳
Pływanie

拳击
Boks

冰球
Hokej na lodzie

英式足球
Piłka nożna

羽毛球
Badminton

田径
Lekka atletyka

手球
Piłka ręczna

滑雪
Narciarstwo

马球
Polo

跳
skakać

笑
śmiać się

拥抱
objąć

走路
iść

唱
śpiewać

做梦
marzyć

祈祷
modlić się

亲吻
całować

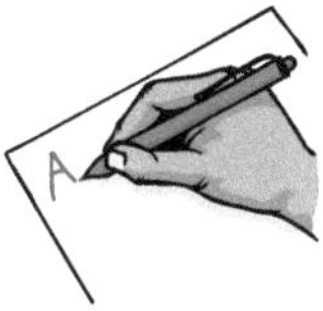

书写
pisać

画
rysować

展示
pokazywać

推
nacisnąć

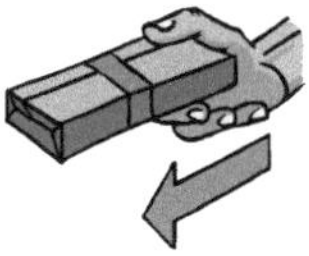

给
dać

拿
wziąć

有

mieć

做

robić

当

być

站

stać

跑

biegać

拉

ciągnąć

扔

rzucać

摔倒

spaść

躺

leżeć

等待

czekać

携带

nosić

坐

siedzieć

穿衣

zakładać

睡觉

spać

醒来

budzić się

看
spojrzeć

哭
płakać

抚摸
głaskać

梳头
czesać się

交谈
mówić

明白
rozumieć

问
pytać

听
słyszeć

喝
pić

吃
jeść

清理
sprzątać

爱
kochać

做饭
gotować

开车
jechać

飞
latać

航行
żeglować

计算
liczyć

读
czytać

学习
uczyć się

工作
pracować

结婚
wejść w związek małżeński

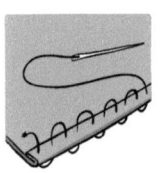

缝
szyć

刷牙
myć zęby

杀
zabić

抽烟
palić tytoń

寄
wysłać

祖母
Babcia

祖父
Dziadek

父亲
Ojciec

母亲
Matka

婴童
Niemowlę

女儿
Córka

儿子
Syn

客人
Gość

阿姨
Ciotka

叔叔
Wujek

兄弟
Brat

姐妹
Siostra

身体

Ciało

前额
Czoło
眼睛
Oko
肩膀
Ramię
手指
Palec
脸
Twarz
下巴
Broda
手
Ręka
腿
Noga
乳房
Pierś
手臂
Ramię

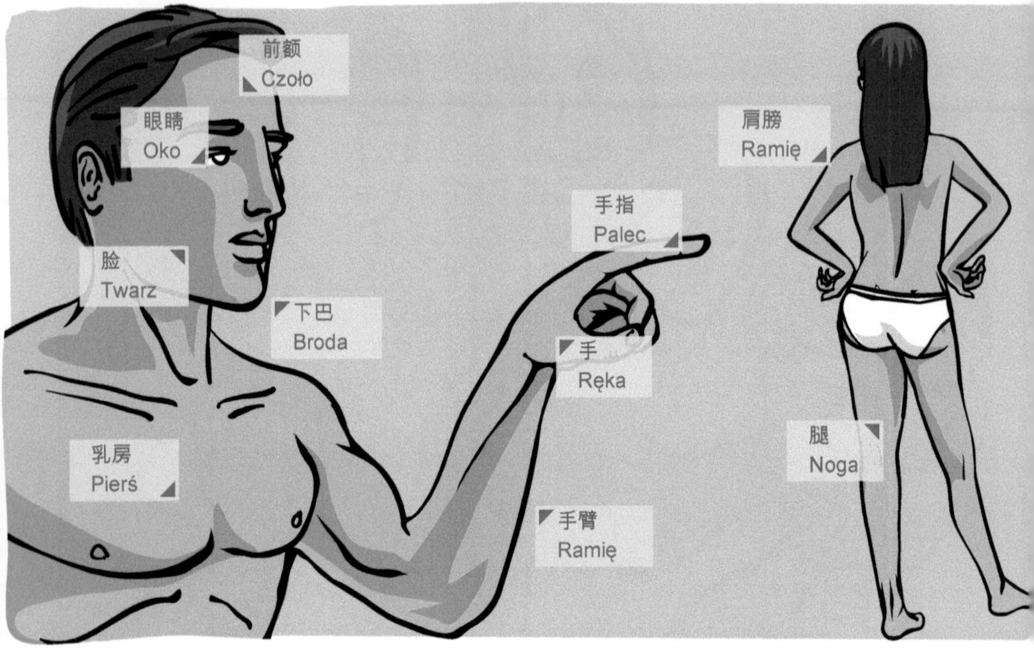

婴童

Niemowlę

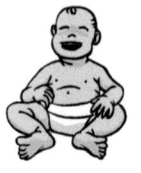

男人

Mężczyzna

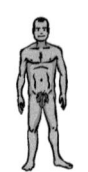

女人

Kobieta

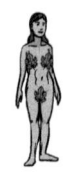

女孩

Dziewczyna

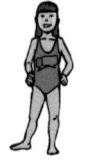

男孩

Chłopiec

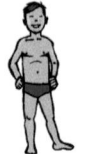

头

Głowa

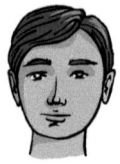

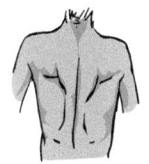

背部

Plecy

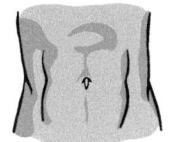

肚子

Brzuch

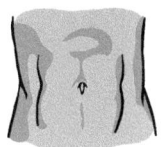

肚脐

Pępek

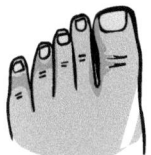

脚趾

palec nogi

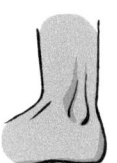

脚后跟

Pięta

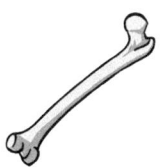

骨头

Kość

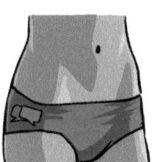

臀部

Biodro

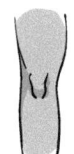

膝盖

Kolano

手肘

Łokieć

鼻子

Nos

屁股

Pośladki

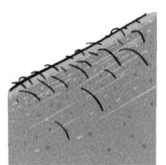

皮肤

Skóra

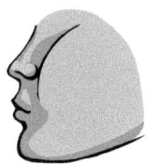

脸颊

Policzek

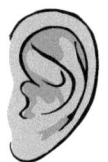

耳朵

Uszy

嘴唇

Warga

身体 - Ciało

嘴

Usta

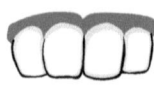

牙齿

Ząb

舌头

Język

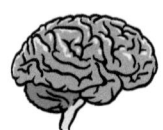

脑

Mózg

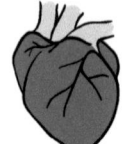

心脏

Serce

肌肉

Mięsień

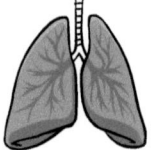

肺

Płuca

肝脏

Wątroba

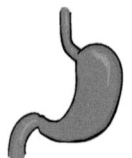

胃

Żołądek

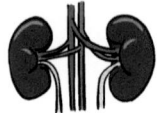

肾脏

Nerki

性交

Stosunek płciowy

避孕套

Kondom

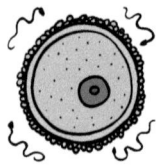

卵子

Komórka jajowa

精子

Sperma

怀孕

Ciąża

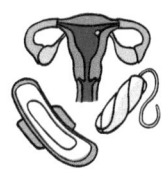

月经
Menstruacja

阴道
Wagina

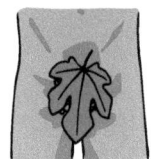

阴茎
Penis

眉毛
Brew

头发
Włosy

脖子
Szyja

医院
Szpital

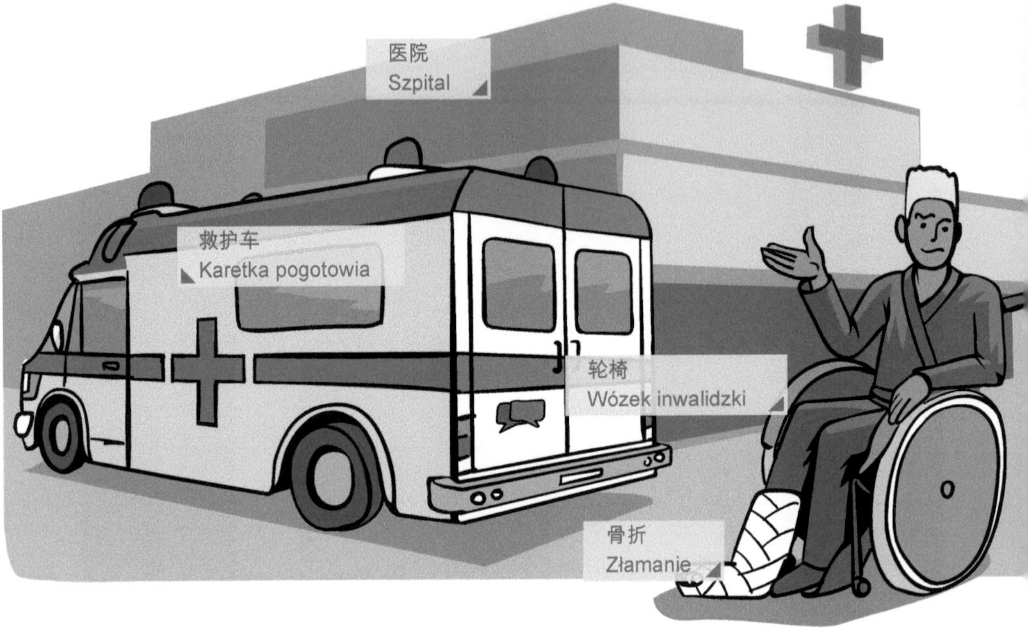

医院
Szpital
救护车
Karetka pogotowia
轮椅
Wózek inwalidzki
骨折
Złamanie

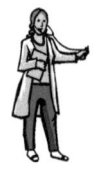

医生

Lekarz

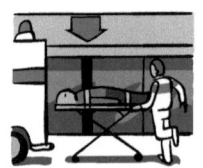

急诊室

Izba przyjęć

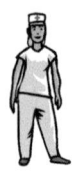

护士

Pielęgniarka

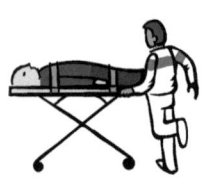

紧急情况

Nagły przypadek

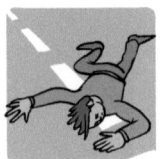

昏迷

nieprzytomny

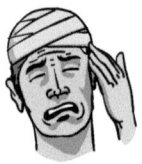

痛

Ból

受伤

Skaleczenie

出血

Krwawienie

心脏病发作

Zawał serca

中风

Udar mózgu

过敏

Alergia

咳嗽

Kaszleć

发烧

Gorączka

流感

Grypa

腹泻

Biegunka

头痛

Ból głowy

癌症

Rak

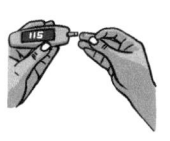

糖尿病

Cukrzyca

外科医生

Chirurg

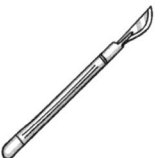

手术刀

Skalpel

手术

Operacja

CT

CT

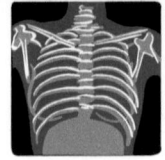

X光

Rentgen

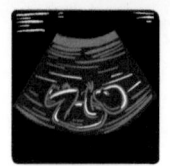

超声波

Ultradźwięki

口罩

Maska

疾病

Choroba

候诊室

Poczekalnia

拐杖

Kula

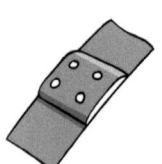

石膏

Plaster

绷带

Opatrunek

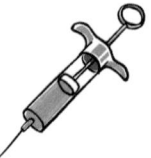

注射

Iniekcja

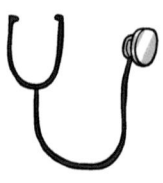

听诊器

Stetoskop

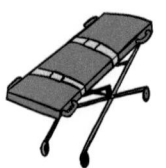

担架

Nosze

体温计

Termometr

出生

Poród

超重

Nadwaga

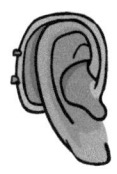

助听器

Aparat słuchowy

消毒液

Środek dezynfekcyjny

感染

Infekcja

病毒

Wirus

艾滋病

HIV / AIDS

药物

Medycyna

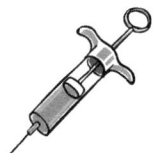

接种疫苗

Szczepienie

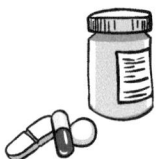

药片

Tabletki

药丸

Pigułka

急救电话

Telefon ratunkowy

血压计

Ciśnieniomierz krwi

生病/健康

chory / zdrowy

救命！

Pomocy!

警报

Alarm

突击

Napad

攻击

Atak

危险

Niebezpieczeństwo

紧急出口

Wyjście awaryjne

着火啦！

Pożar!

灭火器

Gaśnica

意外

Wypadek

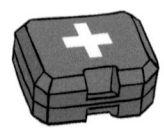

急救箱

Walizeczka pierwszej pomocy

呼救信号

SOS

警察

Policja

欧洲

Europa

北美洲

Ameryka Północna

南美洲

Ameryka Południowa

非洲

Afryka

亚洲

Azja

澳洲

Australia

大西洋

Atlantyk

太平洋

Pacyfik

印度洋

Ocean Indyjski

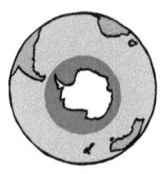

南冰洋

Ocean Antarktyczny

北冰洋

Ocean Arktyczny

北极

Biegun północny

南极

Biegun południowy

南极洲

Antarktyda

地球

Ziemia

陆地

Kraj

海

Morze

岛

Wyspa

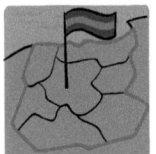

国家

Naród

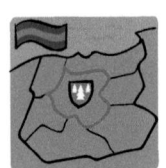

国家

Państwo

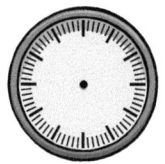

钟面

Cyferblat

时针

Wskazówka godzinowa

分针

Wskazówka minutowa

秒针

Wskazówka sekundowa

现在几点？

Która godzina?

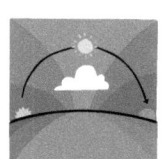

天

Dzień

时间

Czas

现在

teraz

电子表

Zegarek digitalny

分

Minuta

时

Godzina

周

Tydzień

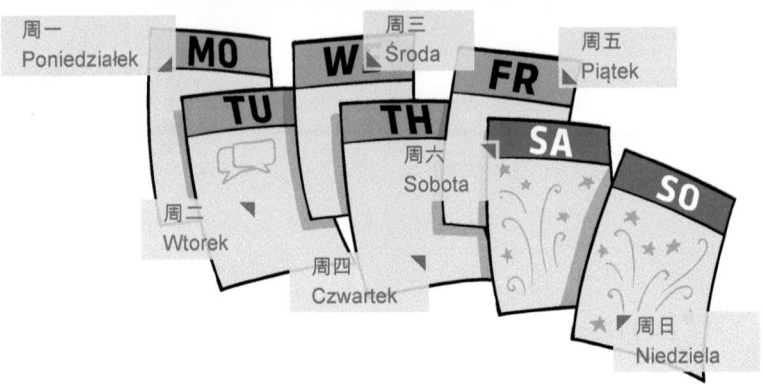

周一 Poniedziałek
周二 Wtorek
周三 Środa
周四 Czwartek
周五 Piątek
周六 Sobota
周日 Niedziela

昨天

wczoraj

今天

dzisiaj

明天

jutro

早晨

Rano

中午

Południe

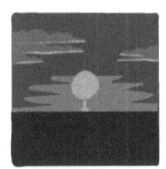

晚上

Wieczór

工作日

Dni robocze

周末

Weekend

年

Rok

雨
Deszcz
彩虹
Tęcza
风
Wiatr
雪
Śnieg
春
Wiosna
夏
Lato
秋
Jesień
冬
Zima

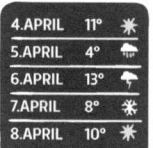

4.APRIL 11°
5.APRIL 4°
6.APRIL 13°
7.APRIL 8°
8.APRIL 10°

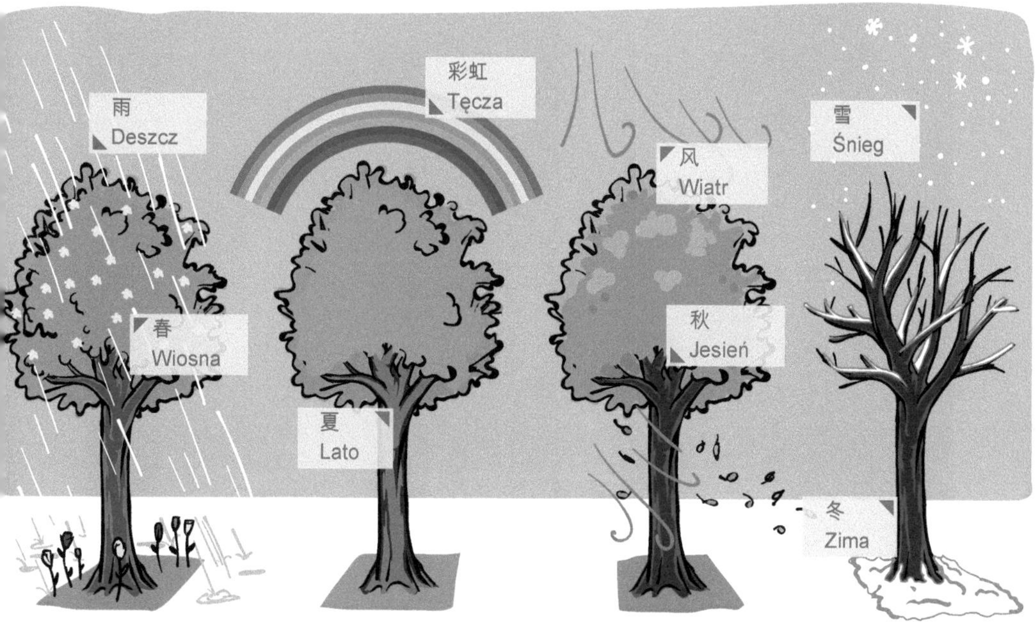

天气预报

Prognoza pogody

F
C
120
90
60
30
0
-30
40
30
20
10
0
-10
-20

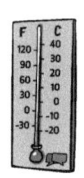

温度计

Termometr

阳光

Światło słoneczne

云

Chmura

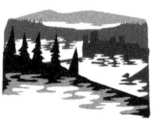

雾

Mgła

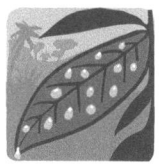

潮湿

Wilgotność powietrza

闪电

Błyskawica

打雷

Grzmot

风暴

Sztorm

冰雹

Grad

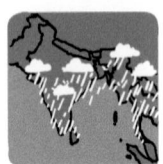

季风

Monsun

洪水

Potop

冰

Lód

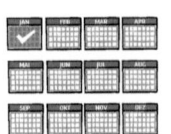

一月

Styczeń

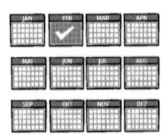

二月

Luty

三月

Marzec

四月

Kwiecień

五月

Maj

六月

Czerwiec

七月

Lipiec

八月

Sierpień

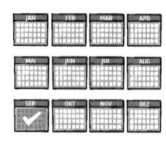

九月

Wrzesień

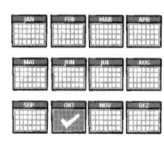

十月

Październik

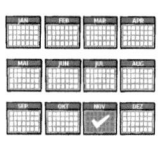

十一月

Listopad

十二月

Grudzień

圆形

Koło

正方形

Kwadrat

长方形

Prostokąt

三角形

Trójkąt

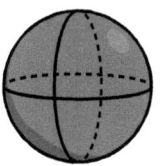

球体

Kula

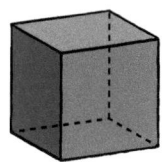

立方体

Sześcian

颜色

Kolory

白
biały

黄
żółty

橙
pomarańczowy

粉
różowy

红
czerwony

紫
liliowy

蓝
niebieski

绿
zielony

棕
brązowy

灰
szary

黑
czarny

很多/少许

dużo / mało

生气/平静

wściekły / spokojny

美/丑

piękny / brzydki

首/尾

początek / koniec

大/小

duży / mały

明/暗

jasny / ciemny

兄弟/姐妹

brat / siostra

干净/肮脏

czysty / brudny

完整/缺失

kompletny / niekompletny

白天/晚上

dzień / noc

死/生

umarły / żywy

宽/窄

szeroki / wąski

可食用/非食用

jadalny / niejadalny

邪恶/善良

zły / uprzejmy

兴奋/无聊

podniecony / znudzony

胖/瘦

gruby / chudy

第一/最后

najpierw / na końcu

朋友/敌人

przyjaciel / wróg

满/空

pełen / pusty

硬/软

twardy / miękki

重/轻

ciężki / lekki

饿/渴

głód / pragnienie

生病/健康

chory / zdrowy

非法/合法

nielegalny / legalny

聪明/愚笨

inteligentny / głupi

左/右

lewo / prawo

近/远

bliski / daleki

新/旧

nowy / używany

没有/有些

nic / coś

老/幼

stary / młody

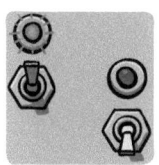

开/关

włącz / wyłącz

打开/合上

otwarty / zamknięty

安静/吵闹

cichy / głośny

富/穷

bogaty / biedny

对/错

prawidłowy / błędny

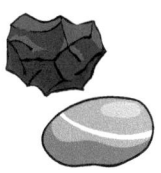

粗糙/光滑

chropowaty / gładki

伤心/高兴

smutny / szczęśliwy

短/长

krótki / długi

慢/快

powolny / szybki

湿/干

mokry/suchy

温暖/凉爽

ciepły / chłodny

战争/和平

wojna / pokój

0

零

zero

1

一

jeden

2

二

dwa

3

三

trzy

4

四

cztery

5

五

pięć

6

六

sześć

7

七

siedem

8

八

osiem

9

九

dziewięć

10

十

dziesięć

11

十一

jedenaście

12

十二

dwanaście

13

十三

trzynaście

14

十四

czternaście

15

十五

piętnaście

16

十六

szesnaście

17

十七

siedemnaście

18

十八

osiemnaście

19

十九

dziewiętnaście

20

二十

dwadzieścia

100

百

sto

1.000

千

tysiąc

1.000.000

百万

milion

英语

Angielski

美式英语

Angielski amerykański

普通话

Chiński mandaryński

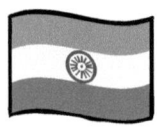

印地语

Hindi

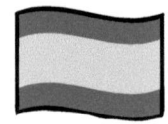

西班牙语

Hiszpański

法语

Francuski

阿拉伯语

Arabski

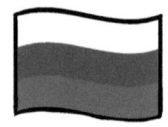

俄语

Rosyjski

葡萄牙语

Portugalski

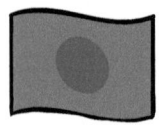

孟加拉语

Bengalski

德语

Niemiecki

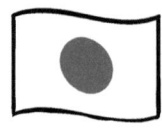

日语

Japoński

我

ja

你

ty

他/她/它

on / ona / ono

我们

my

你们

wy

他们

oni

谁？

kto?

什么？

co?

怎样？

jak?

哪里？

gdzie?

什么时候？

kiedy?

名字

Nazwisko

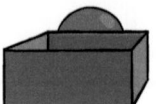

后面

za

里面

w

前面

przed

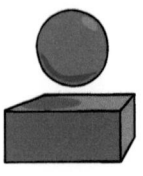

上方

powyżej

上面

na

下面

pod

旁边

obok

中间

między

地点

Miejsce